Impressum
Verlag: BABADADA GmbH, Nedderfeld 112 , 22529 Hamburg
Geschäftsführer / Verlagsleitung: Harald Hof
Druck: Books on Demand GmbH, In de Tarpen 42, 22848 Norderstedt

Imprint
Publisher: BABADADA GmbH, Nedderfeld 112 , 22529 Hamburg, Germany
Managing Director / Publishing direction: Harald Hof
Print: Books on Demand GmbH, In de Tarpen 42, 22848 Norderstedt

# mokykla
# 學校

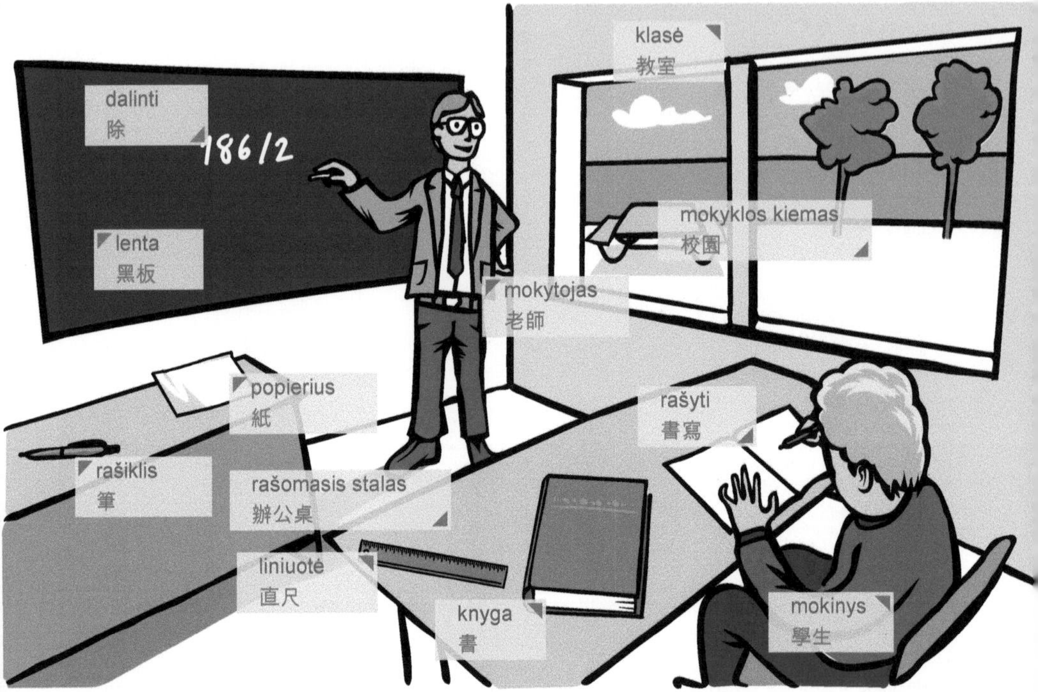

klasė
教室
dalinti
除
186/2
lenta
黑板
mokyklos kiemas
校園
mokytojas
老師
popierius
紙
rašyti
書寫
rašiklis
筆
rašomasis stalas
辦公桌
liniuotė
直尺
knyga
書
mokinys
學生


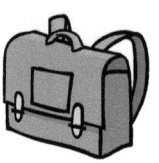

kuprinė
書包

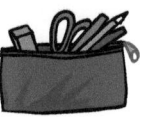

penalas
鉛筆盒

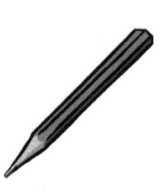

pieštukas
鉛筆

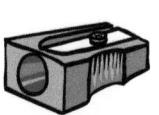

drožtukas
削鉛筆機

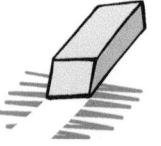

trintukas
橡皮擦

piešimo bloknotas
畫板

piešinys

圖畫

teptukas

畫筆

dažų dėžutė

顏料盒

žirklės

剪刀

klijai

膠水

vadovėlis

練習冊

namų darbai

家庭作業

**12**

numeris

數字

**2+2**

pridėti

加

**5-2**

atimti

減

**2×2**

dauginti

乘

skaičiuoti

計算

**A**

raidė

字母

ABCDEFG
HIJKLMN
OPQRSTU
VWXYZ

abėcėlė

字母表

**hello**

žodis

字

tekstas

課文

skaityti

讀

kreida

粉筆

pamoka

上課

dienynas

登記

egzaminas

考試

pažymėjimas

證書

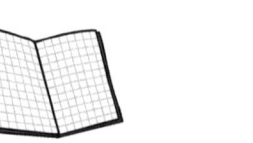

mokyklinė uniforma

校服

išsilavinimas

教育

enciklopedija

百科全書

universitetas

大學

mikroskopas

顯微鏡

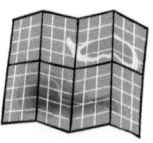

žemėlapis

地圖

šiukšliadėžė

廢紙簍

viešbutis
飯店

svečių namai
青年旅社

ROOMS

valiutos keitykla
外幣兌換處

EXCHANGE

lagaminas
手提箱

mašina
汽車

Grand

kalba

語言

taip / ne

是/否

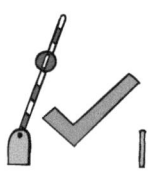

Gerai

好的

sveiki

您好

vertėjas raštu

翻譯人員

Ačiū

謝謝

kiek kainuoja...?

......多少錢？

aš nesuprantu

我不明白

problema

問題

Labas vakaras!

晚上好！

Labas rytas!

早上好！

Labos nakties!

晚安！

viso gero

再見

kryptis

方向

bagažas

行李

krepšys

包

kuprinė

背包

svečias

客人

kambarys

房間

miegmaišis

睡袋

palapinė

帳篷

turizmo informacija

旅行資訊

paplūdimys

海灘

kreditinė kortelė

信用卡

pusryčiai

早餐

pietūs

午餐

vakarienė

晚餐

bilietas

票

liftas

電梯

pašto ženklas

郵票

siena

邊界

muitinė

海關

ambasada

大使館

viza

簽證

pasas

護照

# transportas
# 交通運送

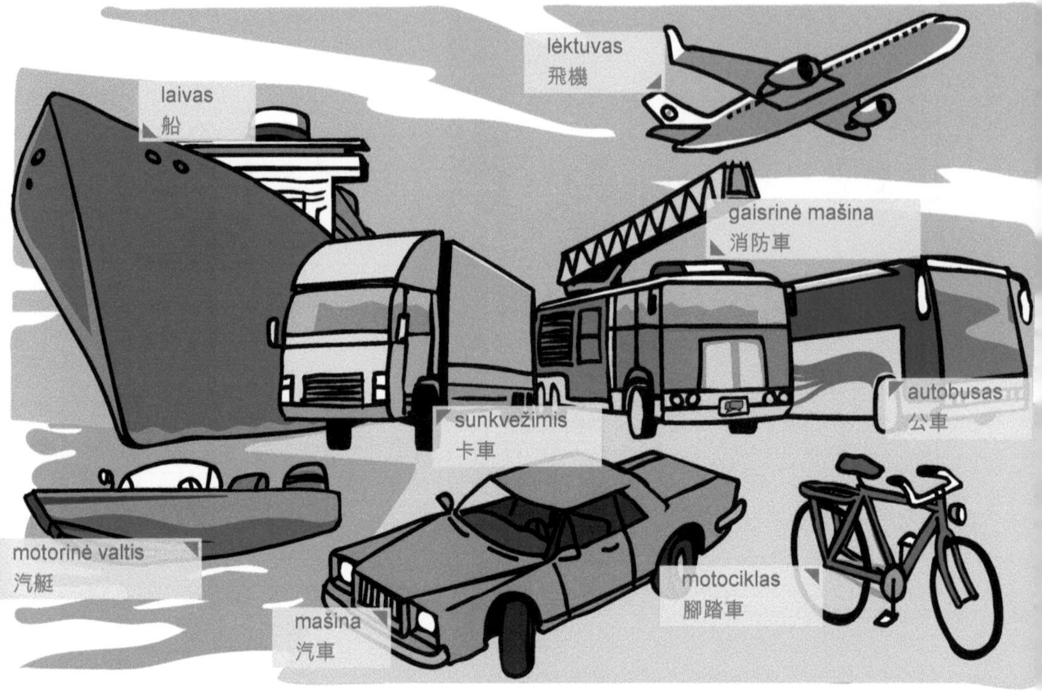
lėktuvas
飛機
laivas
船
gaisrinė mašina
消防車
autobusas
公車
sunkvežimis
卡車
motorinė valtis
汽艇
motociklas
腳踏車
mašina
汽車

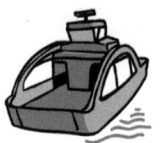

keltas

渡輪

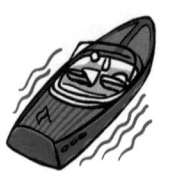

valtis

小船

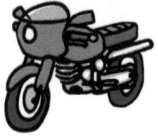

mopedas

機車

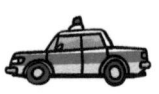

policijos automobilis

警車

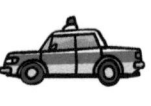

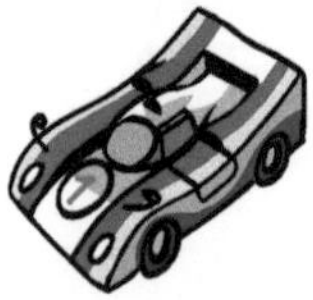

lenktyninis automobilis

賽車

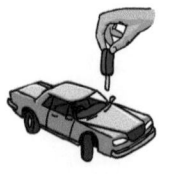

nuomojamas automobilis

租車

bendras automobilio
naudojimas

拼車

techninės pagalbos
automobilis

拖車

šiukšliavežė

垃圾車

variklis

馬達

degalai

汽油

degalinė

加油站

kelio ženklas

交通標識

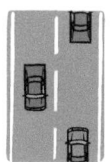

eismas

交通

eismo spūstis

交通堵塞

mašinų stovėjimo aikštelė

停車場

traukinių stotis

火車站

bėgiai

軌道

traukinys

火車

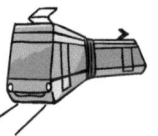

tramvajus

路面電車

vagonas

客車廂

sraigtasparnis

直升機

oro uostas

機場

bokštas

塔

keleivis

乘客

konteineris

集裝箱

dėžė

紙板箱

vežimėlis

手推車

krepšys

籃子

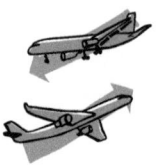

pakilti / nusileisti

起飛/降落

# miestas

## 城市

kaimas

村莊

miesto centras

市中心

namas

房子

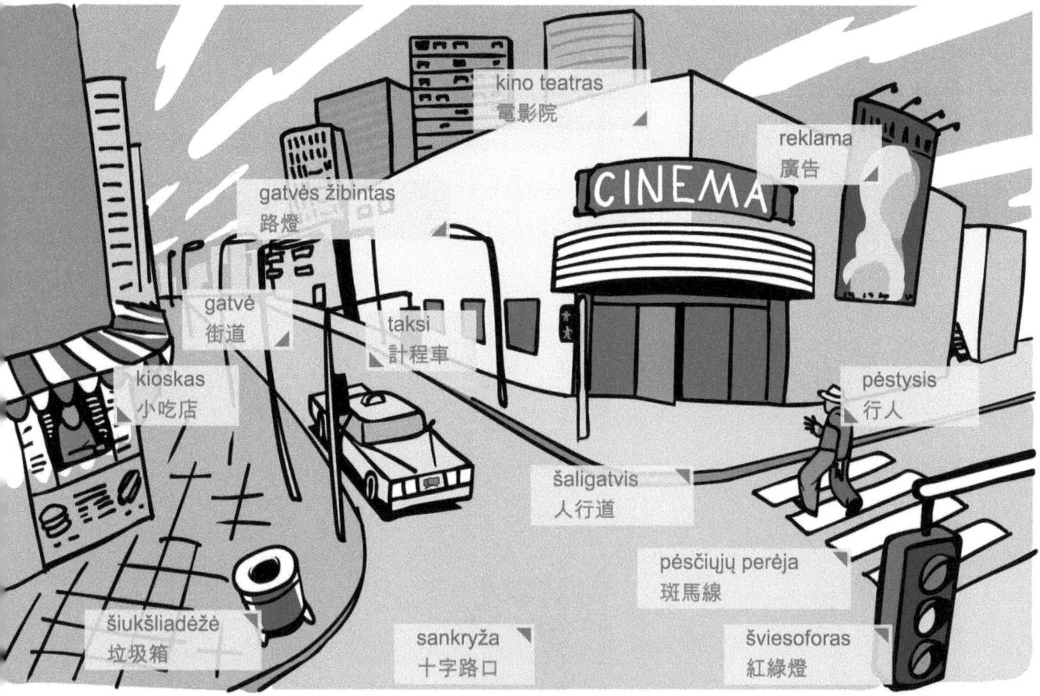

kino teatras
電影院
CINEMA
reklama
廣告
gatvės žibintas
路燈
gatvė
街道
taksi
計程車
kioskas
小吃店
pėstysis
行人
šaligatvis
人行道
pėsčiųjų perėja
斑馬線
šiukšliadėžė
垃圾箱
sankryža
十字路口
šviesoforas
紅綠燈


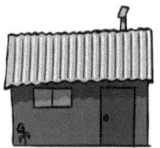

trobelė

小屋

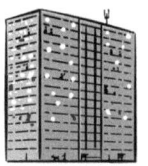

butas

公寓

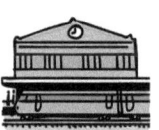

traukinių stotis

火車站

rotušė

市政廳

MUSEUM


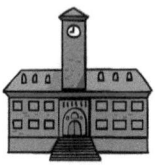

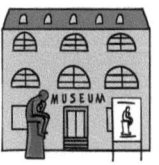

muziejus

博物館

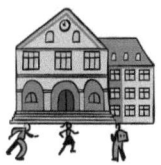

mokykla

學校

universitetas

大學

bankas

銀行

ligoninė

醫院

viešbutis

飯店

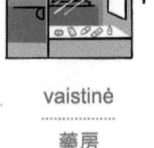

vaistinė

藥房

biuras

辦公室

knygynas

書店

parduotuvė

商店

gėlių parduotuvė

花店

prekybos centras

超市

turgus

市場

universalinė parduotuvė

百貨商店

žuvies parduotuvė

魚店

prekybos centras

購物中心

uostas

海港

parkas

公園

suoliukas

長凳

tiltas

橋

laiptai

樓梯

metro

捷運

tunelis

隧道

autobusų stotelė

公車站

baras

酒吧

restoranas

餐館

lauko pašto dėžutė

郵筒

kelio ženklas

路標

parkomatas

停車計時器

zoologijos sodas

動物園

baseinas

游泳池

mečetė

清真寺

ūkininko ūkis

農場

tarša

污染

kapinės

墓地

bažnyčia

教堂

žaidimų aikštelė

操場

šventykla

寺廟

## kraštovaizdis

## 地形

lapas
樹葉

kelio rodyklė
指示牌

kelias
路

pieva
草地

akmuo
石頭

medis
樹

ėjikas
徒步旅行
者

upė
河

žolė
草

gėlė
花

slėnis

峽谷

kalva

丘陵

ežeras

湖

miškas

森林

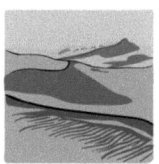

dykuma

沙漠

ugnikalnis

火山

pilis

城堡

vaivorykštė

彩虹

grybas

蘑菇

palmė

棕櫚樹

uodas

蚊子

musė

蒼蠅

skruzdėlė

螞蟻

bitė

蜜蜂

voras

蜘蛛

kraštovaizdis - 地形

vabalas

甲蟲

varlė

青蛙

voverė

松鼠

ežys

刺蝟

kiškis

野兔

peléda

貓頭鷹

paukštis

鳥

gulbė

天鵝

šernas

野豬

elnias

鹿

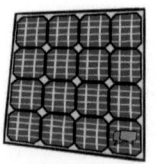

briedis

麋鹿

užtvanka

水壩

vėjo jėgainė

風力發電機

saulės baterija

太陽能電池板

klimatas

氣候

# restoranas
# 餐館

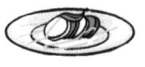

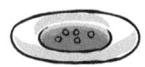

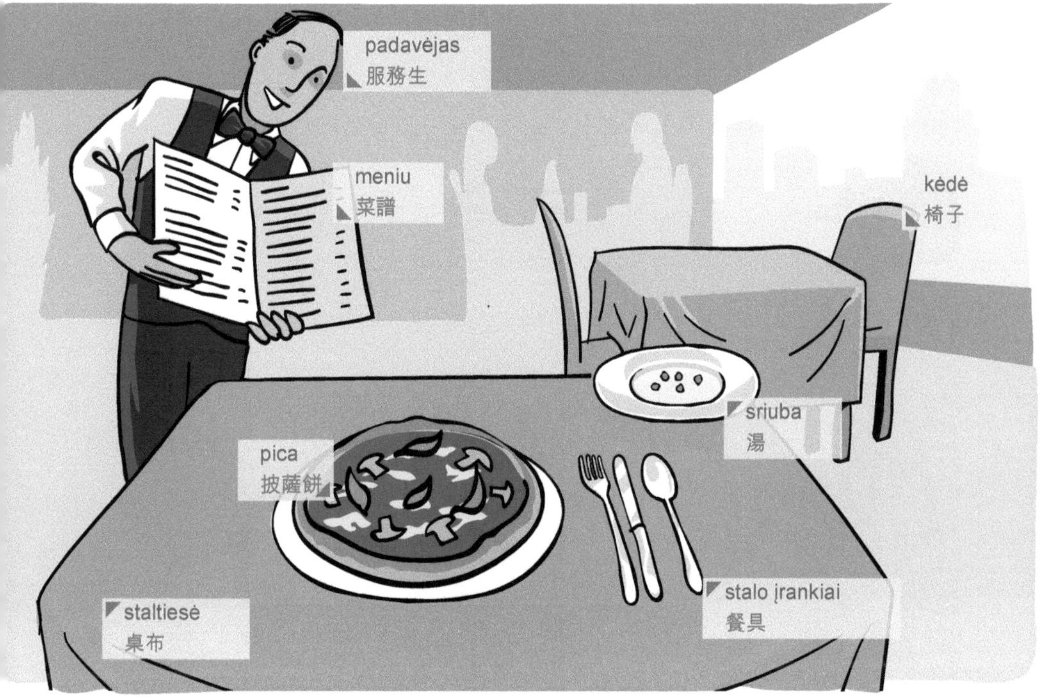

padavėjas
服務生
meniu
菜譜
kėdė
椅子
sriuba
湯
pica
披薩餅
staltiesė
桌布
stalo įrankiai
餐具


užkandis

前菜

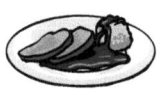

pagrindinis patiekalas

主菜

desertas

甜點

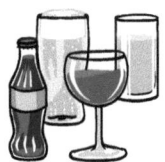

gėrimai

飲料

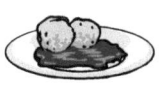

maistas

食物

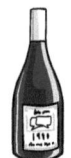

butelis

瓶子

greitai pateikiamas maistas

速食

gatvės maistas

街邊小吃

arbatinukas

茶壺

cukrinė

糖盒

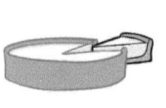

porcija

一份飯菜

espreso aparatas

義式咖啡機

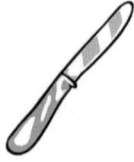

aukšta kėdė

高腳椅

sąskaita

帳單

padėklas

托盤

peilis

刀

šakutė

餐叉

šaukštas

勺子

arbatinis šaukštelis

茶匙

servetėlė

餐巾

stiklinė

玻璃杯

restoranas - 餐館

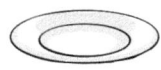

lékšté

碟子

sriubos lékšté

湯盤

padéklas

碟子

padažas

醬

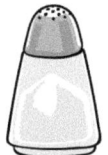

druskiné

鹽瓶

pipirų malūnélis

胡椒研磨罐

actas

醋

aliejus

食用油

prieskoniai

調味料

kečupas

番茄醬

garstyčios

芥末

majonezas

美乃滋

# prekybos centras
## 超市

specialus pasiūlymas
特價
pirkėjas
顧客
FOR
pieno produktai
乳製品
vaisiai
水果
troleibusas
購物車

BUTCHERS

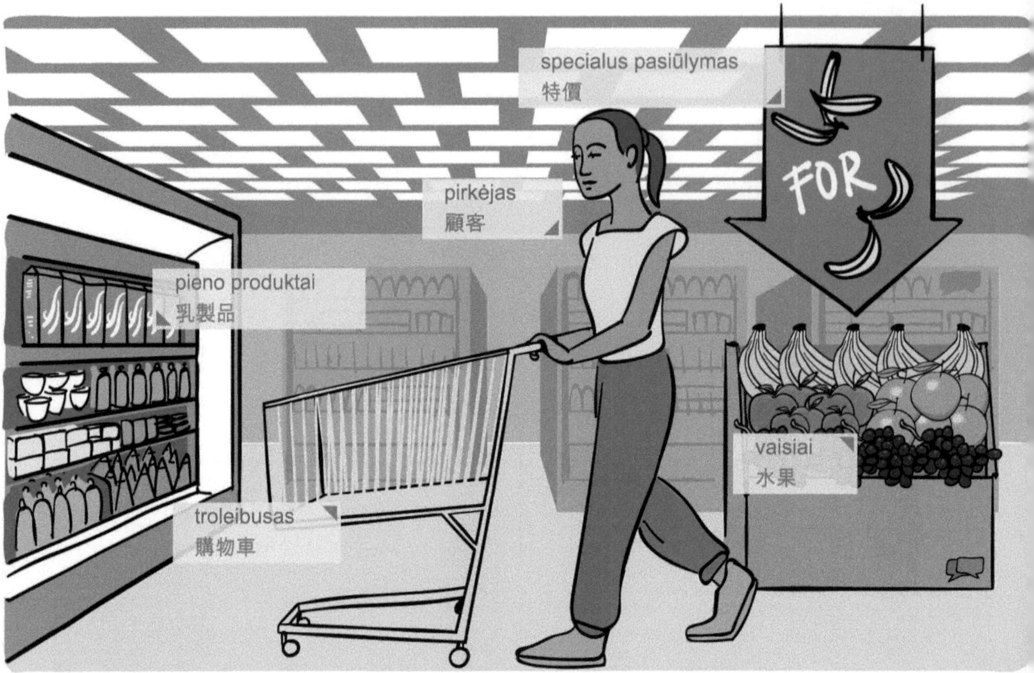

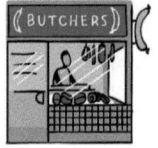

mėsos parduotuvė

肉鋪

BAKERY

kepykla

麵包店

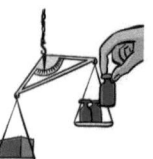

sverti

稱重

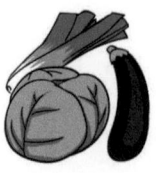

daržovės

蔬菜

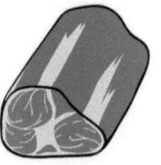

mėsa

肉

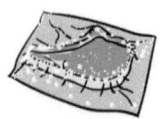

šaldytas maistas

冷凍食品

šalti mėsos užkandžiai

冷盤

konservai

罐頭食品

skalbimo milteliai

洗衣粉

saldumynai

甜食

ūkinės prekės

日用品

valymo priemonės

清潔用品

pardavėja

銷售員

kasos aparatas

收銀機

kasininkas

收銀員

pirkinių sąrašas

購物清單

darbo valandos

開放時間

piniginė

錢包

kreditinė kortelė

信用卡

maišelis

袋子

plastikinis maišelis

塑膠袋

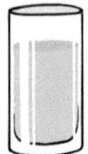

vanduo

水

sultys

果汁

pienas

牛奶

kola

可樂

vynas

紅酒

alus

啤酒

alkoholis

酒

kakava

可可

arbata

茶

kava

咖啡

espresas

義式濃縮咖啡

kapučinas

卡布奇諾

bananas

香蕉

obuolys

蘋果

apelsinas

柳丁

arbūzas

西瓜

citrina

檸檬

morka

胡蘿蔔

česnakas

大蒜

bambukas

竹子

svogūnas

洋蔥

grybas

蘑菇

riešutai

堅果

makaronai

麵條

spagečiai

義大利麵

ryžiai

米飯

salotos

沙拉

traškučiai

薯條

keptos bulvės

炸馬鈴薯

pica

披薩餅

mėsainis

漢堡

sumuštinis

三明治

pjausnys

炸豬排

kumpis

火腿

saliamis

義大利臘腸

dešrelė

香腸

vištiena

雞肉

kepsnys

烤肉

žuvis

魚

avižų dribsniai

燕麥片

dribsniai su priedais

木斯里

kukurūzų dribsniai

玉米片

miltai

麵粉

prancūziškasis ragelis

牛角麵包

bandelė

麵包捲

duona

麵包

skrebutis

吐司

sausainiai

餅乾

sviestas

奶油

varškė

凝乳

tortas

蛋糕

kiaušinis

蛋

kiaušinienė

煎蛋

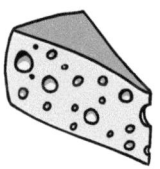

sūris

起司

ledai

冰淇淋

cukrus

糖

medus

蜂蜜

uogienė

果醬

tepamas šokoladas

巧克力醬

karis

咖哩

# ūkininko ūkis
## 農場

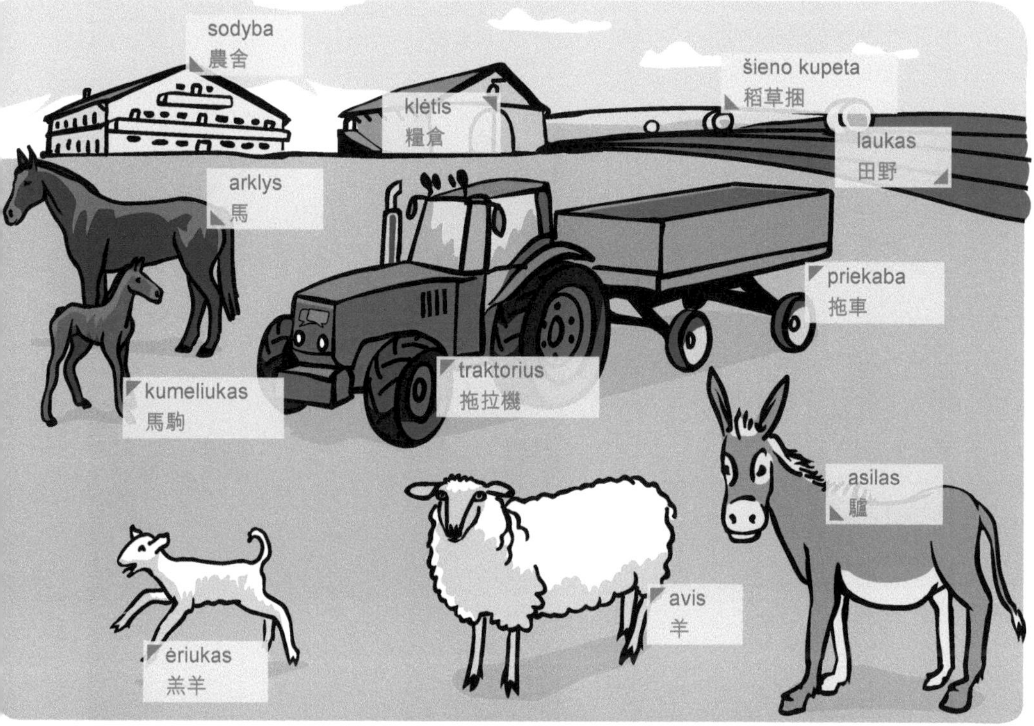

sodyba
農舍
klėtis
糧倉
šieno kupeta
稻草捆
laukas
田野
arklys
馬
priekaba
拖車
traktorius
拖拉機
kumeliukas
馬駒
asilas
驢
avis
羊
ėriukas
羔羊


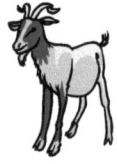

ožys

山羊

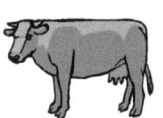

karvė

奶牛

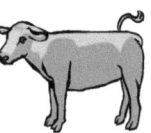

veršis

小牛

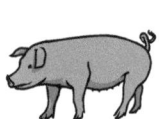

kiaulė

豬

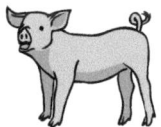

paršelis

小豬

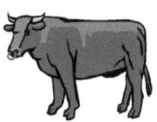

bulius

公牛

žąsis

鵝

antis

鴨

viščiukas

小雞

višta

母雞

gaidys

公雞

žiurkė

鼠

katė

貓

pelė

老鼠

jautis

牛

šuo

狗

šuns būda

狗屋

sodo namas

花園澆水軟管

laistytuvas

澆水壺

dalgis

長柄大鐮刀

plūgas

犁

**pjautuvas**

鐮刀

**kauptukas**

鋤頭

**šakės**

長柄草耙

**kirvis**

斧頭

**statinė**

獨輪手推車

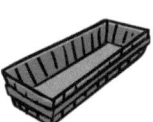

**lovys**

飼料槽

**bidonas**

牛奶罐

**maišas**

麻布袋

**tvora**

柵欄

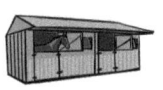

**arklidė**

馬廄

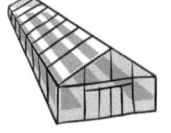

**šiltnamis**

溫室

**dirva**

土壤

**sėkla**

種子

**trąšos**

肥料

**kombainas**

聯合收割機

rinkti

收割

derlius

收割

saldžiosios bulvės

地瓜

kviečiai

小麥

soja

大豆

bulvė

土豆

kukurūzai

玉米

rapsai

油菜籽

vaismedis

果樹

manijokas

樹薯

grūdai

穀物

# namas
# 房子

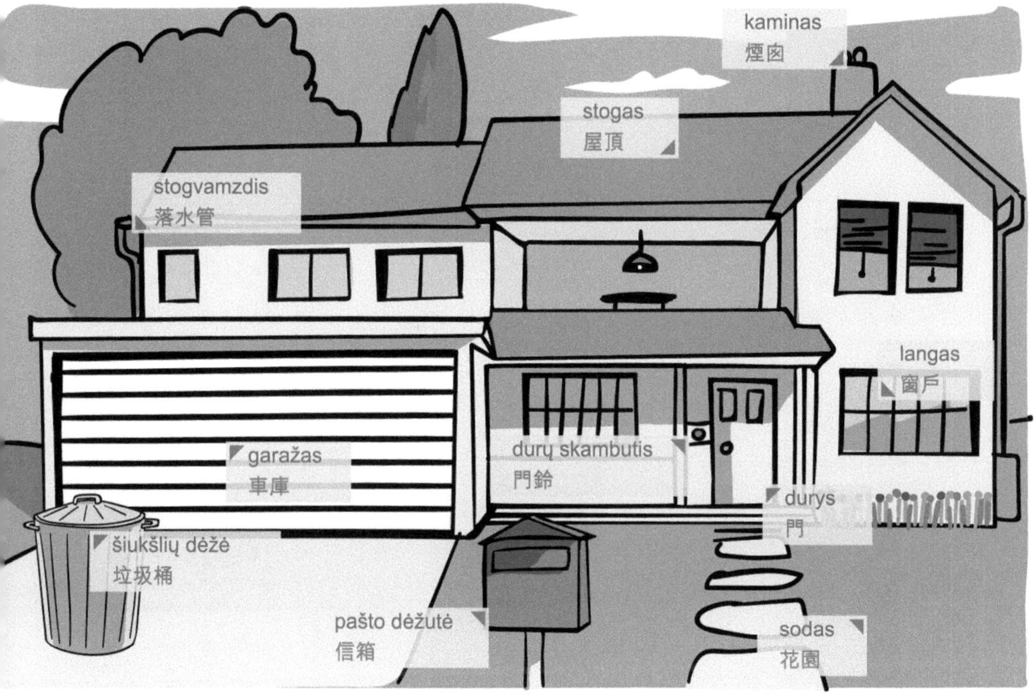

kaminas
煙囪
stogas
屋頂
stogvamzdis
落水管
langas
窗戶
garažas
車庫
durų skambutis
門鈴
durys
門
šiukšlių dėžė
垃圾桶
pašto dėžutė
信箱
sodas
花園


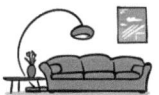

svetainė

客廳

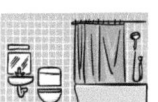

vonios kambarys

浴室

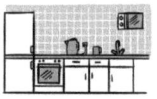

virtuvė

廚房

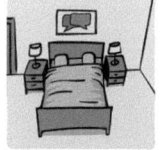

miegamasis

臥室

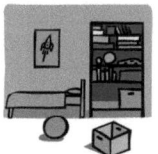

vaiko kambarys

兒童房

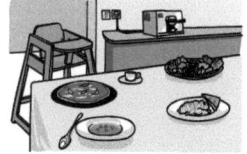

valgomasis

餐廳

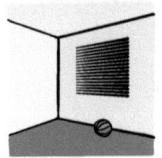

grindys

地板

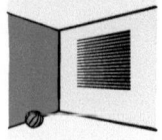

siena

牆壁

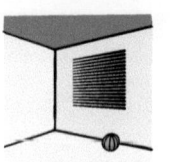

lubos

天花板

rūsys

地窖

sauna

三溫暖

balkonas

陽臺

terasa

露臺

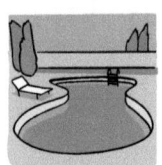

baseinas

游泳池

žoliapjovė

割草機

paklodė

被單

lovatiesė

床罩

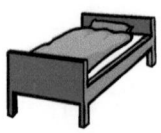

lova

床

šluota

掃帚

kibiras

水桶

jungiklis

開關

# svetainė
# 客廳

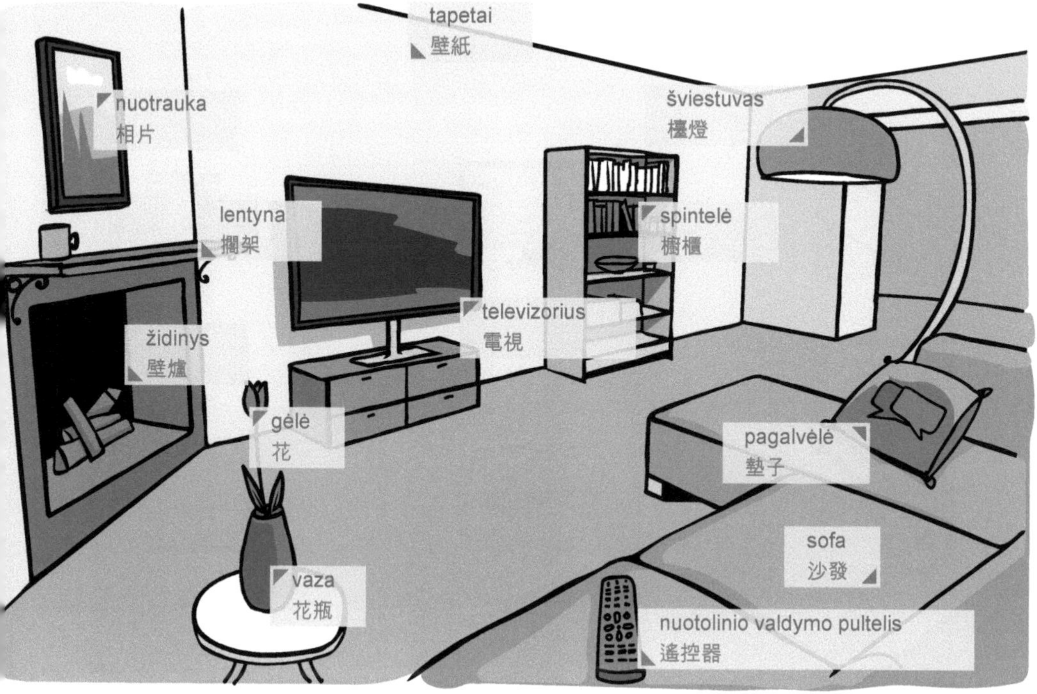
tapetai
壁紙
nuotrauka
相片
šviestuvas
檯燈
lentyna
擱架
spintelė
櫥櫃
televizorius
電視
židinys
壁爐
gėlė
花
pagalvėlė
墊子
sofa
沙發
vaza
花瓶
nuotolinio valdymo pultelis
遙控器

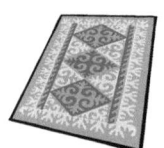

kilimas

地毯

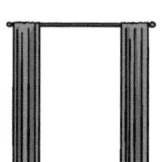

užuolaida

窗簾

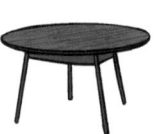

stalas

餐桌

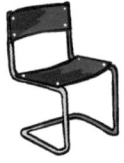

kėdė

椅子

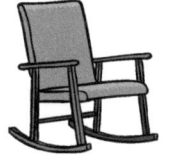

supamasis krėslas

搖椅

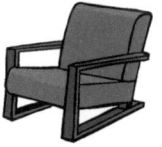

fotelis

扶手椅

knyga

書

antklodė

毯子

papuošimai

裝飾品

malkos

木柴

filmas

電影

stereo aparatūra

高傳真音響

raktas

鑰匙

laikraštis

報紙

paveikslas

油畫

plakatas

海報

radijas

收音機

užrašų knygelė

筆記本

dulkių siurblys

吸塵器

kaktusas

仙人掌

žvakė

蠟燭

# virtuvė
## 廚房

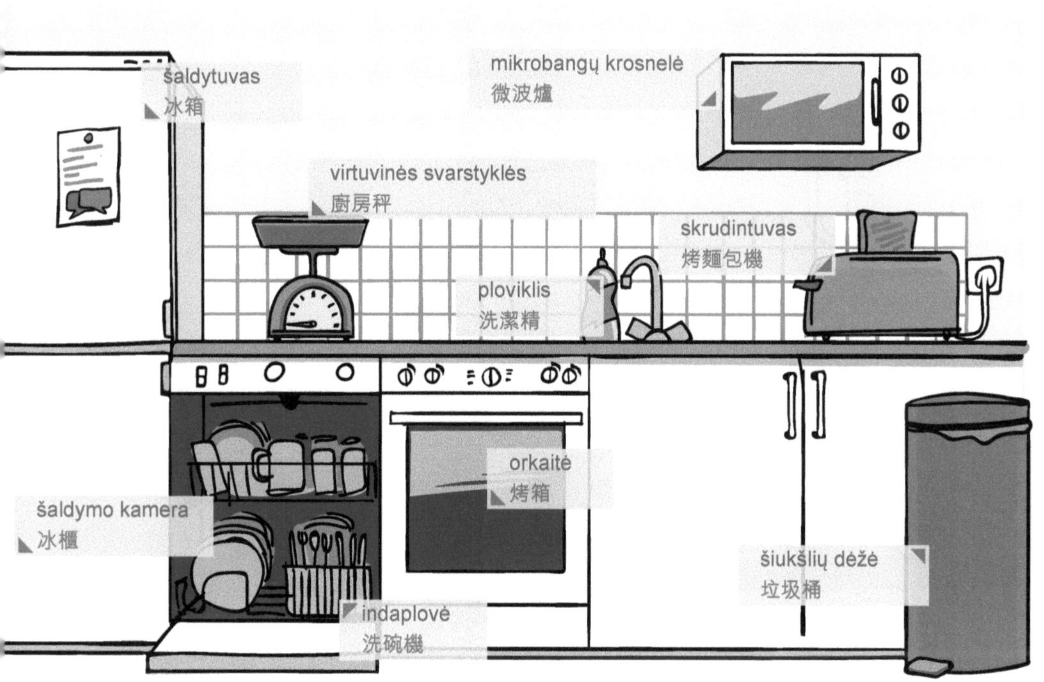
šaldytuvas
冰箱
mikrobangų krosnelė
微波爐
virtuvinės svarstyklės
廚房秤
skrudintuvas
烤麵包機
ploviklis
洗潔精
orkaitė
烤箱
šaldymo kamera
冰櫃
šiukšlių dėžė
垃圾桶
indaplovė
洗碗機

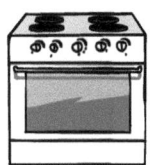

viryklė
炊具

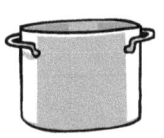

puodas
鍋

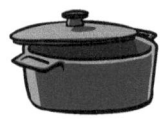

ketaus puodas
鑄鐵鍋

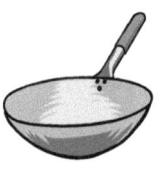

„wok“ keptuvė
炒鍋

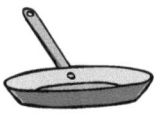

keptuvė
平底鍋

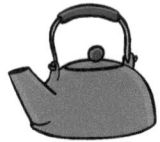

virdulys
水壺

garų puodas

蒸鍋

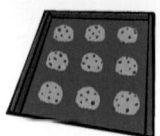

kepimo skarda

烤盤

porceliano indai

陶瓷鍋

puodelis

馬克杯

dubuo

碗

valgomosios lazdelės

筷子

samtis

長柄勺

mentelė

鏟子

plaktuvas

攪拌器

koštuvas

濾網

sietas

篩子

trintuvė

磨碎機

grūstuvė

研缽

kepsninė

燒烤

atvira liepsna

明火

**pjaustymo lentelė**

菜板

**kočėlas**

擀麵杖

**kamščiatraukis**

開瓶器

**skardinė**

罐子

**skardinių atidarytuvas**

開罐器

**puodkėlė**

隔熱手套

**kriauklė**

水槽

**šepetys**

刷子

**kempinė**

海綿

**trintuvas**

攪拌機

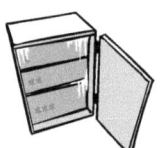

**šaldiklis**

冷藏箱

**kūdikių buteliukas**

奶瓶

**čiaupas**

水龍頭

# vonios kambarys
## 浴室

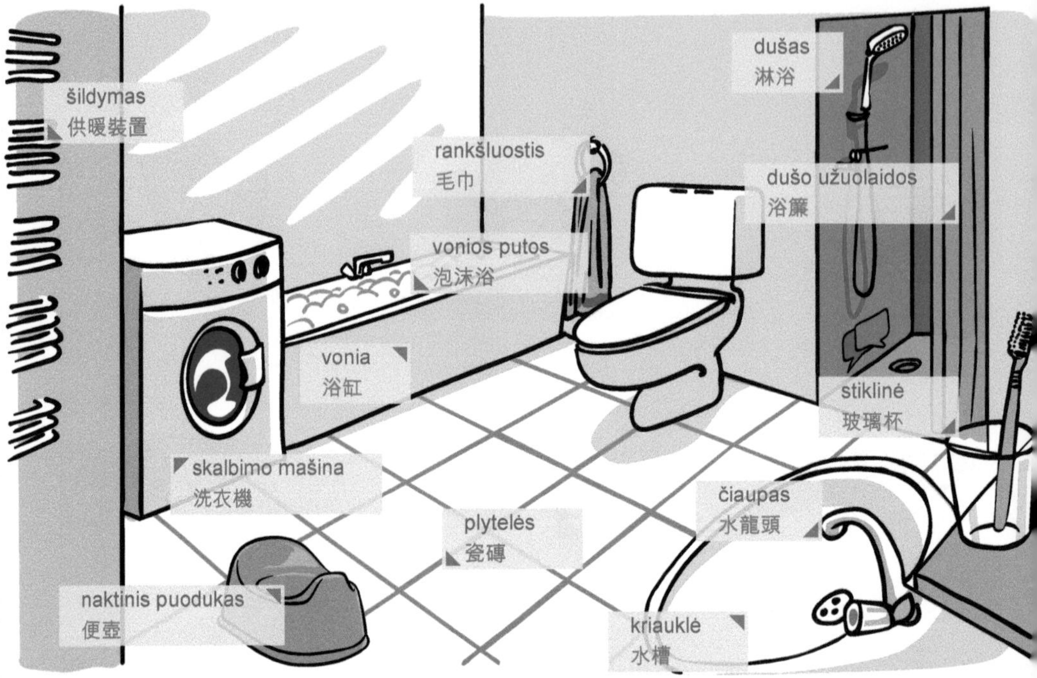

šildymas
供暖裝置
dušas
淋浴
rankšluostis
毛巾
dušo užuolaidos
浴簾
vonios putos
泡沫浴
vonia
浴缸
stiklinė
玻璃杯
skalbimo mašina
洗衣機
čiaupas
水龍頭
plytelės
瓷磚
naktinis puodukas
便壺
kriauklė
水槽


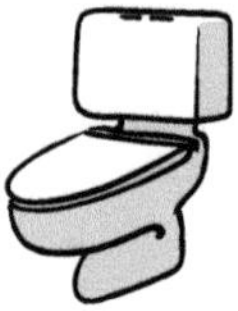
unitazas
廁所

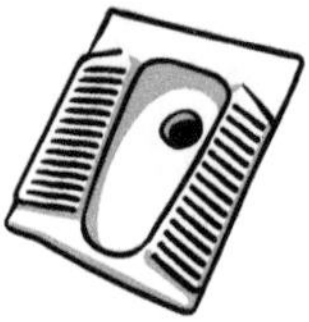
tupimasis unitazas
蹲便器

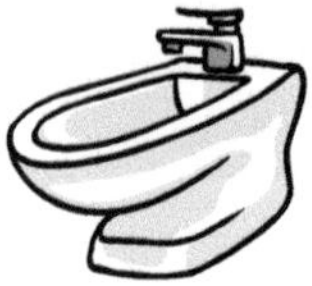
bidė
坐浴器

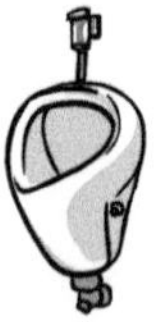
pisuaras
小便斗

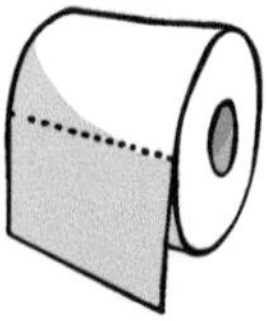
tualetinis popierius
廁紙

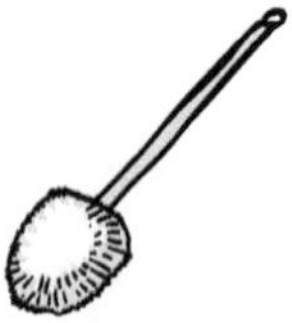
unitazo šepetys
馬桶刷

dantų šepetėlis

牙刷

dantų pasta

牙膏

dantų siūlas

牙線

plauti

洗

dušo galvutė

手持式蓮蓬頭

higieninis dušas

沖洗器

praustuvas

洗臉盆

nugaros plaušinė

洗背刷

muilas

肥皂

dušo želė

沐浴露

šampūnas

洗髮乳

plaušinė

法蘭絨

kanalizacija

排水

kremas

乳霜

dezodorantas

除臭劑

veidrodis

鏡子

veidrodėlis

手鏡

skustuvas

刮鬍刀

skutimosi putos

刮鬍泡沫

losjonas po skutimosi

鬚後水

šukos

梳子

šepetys

刷子

plaukų džiovintuvas

吹風機

plaukų lakas

噴髮定型劑

makiažas

化妝品

lūpdažis

唇膏

nagų lakas

指甲油

vata

化妝棉

žirklutės nagams

指甲剪

kvepalai

香水

maišelis skalbiniams

洗漱包

taburetė

凳子

svarstyklės

計重秤

chalatas

浴袍

guminės pirštinės

橡膠手套

tamponas

衛生棉條

higieninis įklotas

衛生棉

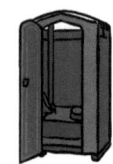

biotualetas

化學廁所

# vaiko kambarys

## 兒童房

žadintuvas
鬧鐘
pliušinis žaislas
毛絨玩具
žaislinė mašinėlė
玩具車
barškutis
撥浪鼓
lėlės namelis
玩具屋
dovana
禮物

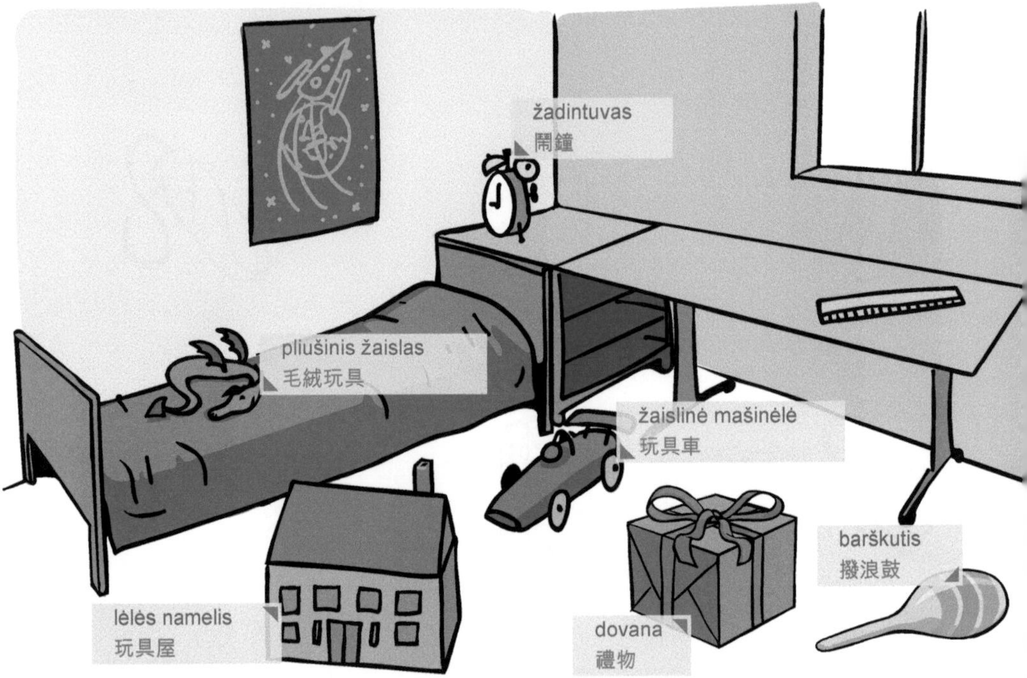

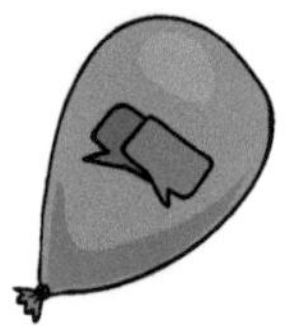

balionas

氣球

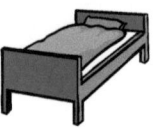

lova

床

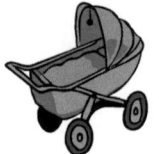

vaikiškas vežimėlis

嬰兒車

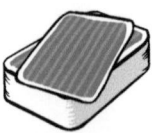

kortų malka

撲克牌

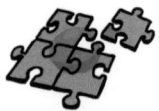

delionė

拼圖

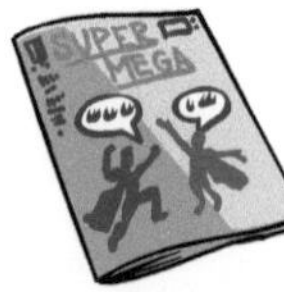

komiksai

漫畫

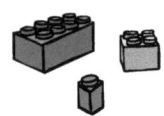

lego kaladėlės

樂高積木

žaislinės kaladėlės

積木玩具

figūrėlė

公仔

šliaužtinukai

嬰兒服

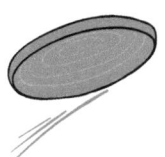

mėtymo lėkštė

飛盤

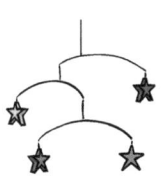

karuselė

床鈴玩具

stalo žaidimas

棋盤遊戲

kauliukai

骰子

žaislinis traukinys

火車模型

žindukas

安撫奶嘴

vakarėlis

派對

paveiksliukų knygelė

繪本

kamuolys

球

lėlė

洋娃娃

žaisti

玩

smėlio dėžė

沙坑

sūpynės

鞦韆

žaislai

玩具

žaidimų konsolė

電玩遊戲

triratukas

三輪車

meškiukas

泰迪熊

drabužių spinta

衣櫃

# drabužis

## 衣服

kojinės

襪子

kojinės virš kelių

長襪

pėdkelnės

緊身褲

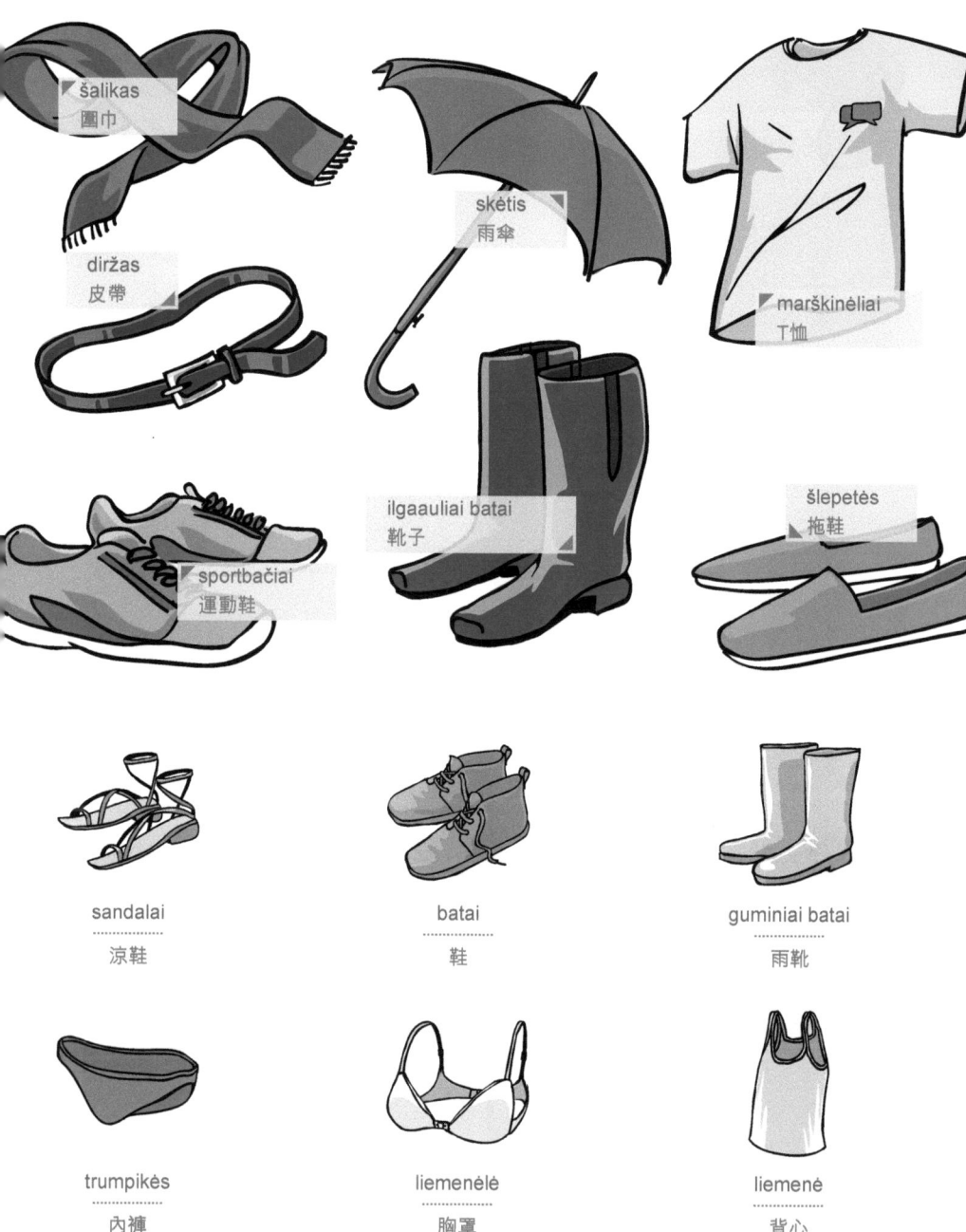

šalikas
圍巾

skėtis
雨傘

marškinėliai
T恤

diržas
皮帶

ilgaauliai batai
靴子

šlepetės
拖鞋

sportbačiai
運動鞋

sandalai

涼鞋

batai

鞋

guminiai batai

雨靴

trumpikės

內褲

liemenėlė

胸罩

liemenė

背心

drabužis - 衣服

glaustinukė

身體

kelnės

褲子

džinsai

牛仔褲

sijonas

短裙

palaidinė

女式襯衫

marškiniai

襯衫

megztinis

套頭衫

megztinis su gobtuvu

連帽上衣

švarkelis

西裝夾克

švarkas

夾克

paltas

外套

lietpaltis

雨衣

kostiumas

套裝

suknelė

連衣裙

vestuvinė suknelė

婚紗

**kostiumas**

西裝

**naktiniai marškiniai**

睡袍

**pižama**

睡衣

**saris**

莎麗

**skarelė**

頭巾

**tiurbanas**

包頭巾

**burka**

波卡

**kaftanas**

卡夫坦

**abaja**

(阿拉伯式)長袍

**maudymosi kostiumėlis**

泳衣

**glaudės**

男式泳褲

**šortai**

短褲

**sportinis kostiumas**

運動服

**prijuostė**

圍裙

**pirštinės**

手套

saga

鈕扣

akiniai

眼鏡

apyrankė

手鏈

vėrinys

項鍊

žiedas

戒指

auskaras

耳環

kepurė

便帽

pakabas

衣架

skrybėlė

帽子

kaklaraištis

領帶

užtrauktukas

拉鍊

šalmas

安全帽

breketai

背帶

mokyklinė uniforma

校服

uniforma

制服

seilinukas

圍兜

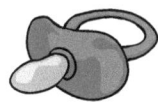

žindukas

安撫奶嘴

vystyklai

尿布

## biuras
## 辦公室

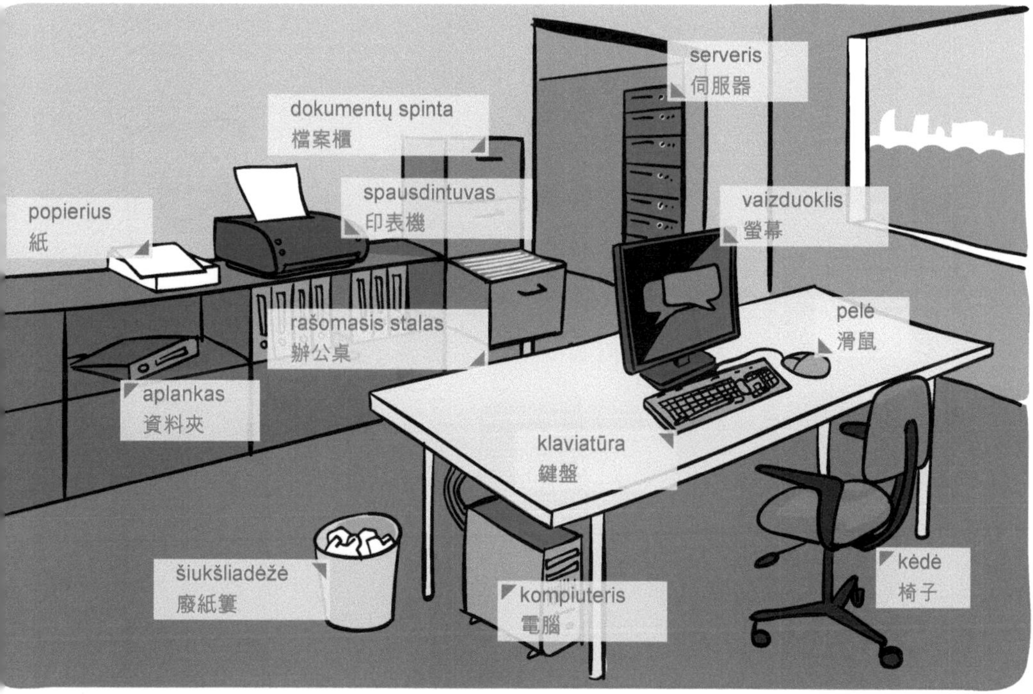

serveris
伺服器

dokumentų spinta
檔案櫃

spausdintuvas
印表機

vaizduoklis
螢幕

popierius
紙

pelė
滑鼠

rašomasis stalas
辦公桌

aplankas
資料夾

klaviatūra
鍵盤

šiukšliadėžė
廢紙簍

kédė
椅子

kompiuteris
電腦

kavos puodelis

咖啡杯

kalkuliatorius

計算機

internetas

網際網路

nešiojamasis kompiuteris

筆記型電腦

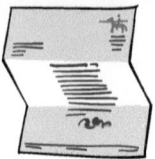

laiškas

信件

žinutė

簡訊

mobilusis telefonas

行動電話

tinklas

網路

fotokopijavimo aparatas

影印機

programinė įranga

軟體

telefonas

電話

kištukinis lizdas

插座

faksas

傳真機

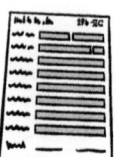

forma

表格

dokumentas

檔案

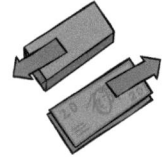

pirkti

買

mokėti

付錢

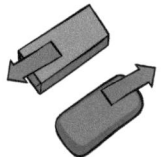

prekiauti

交易

pinigai

現金

doleris

美元

euras

歐元

jena

日元

rublis

盧布

Šveicarijos frankas

瑞士法郎

juanis

人民幣

rupija

盧比

bankomatas

提款處

valiutos keitykla

外幣兌換處

auksas

金

sidabras

銀

nafta

石油

energija

能源

kaina

價格

sutartis

合約

mokestis

稅金

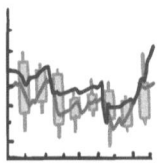

akcijos

股票

dirbti

工作

darbuotojas

職員

darbdavys

老闆

gamykla

工廠

parduotuvė

商店

# profesijos
# 職業

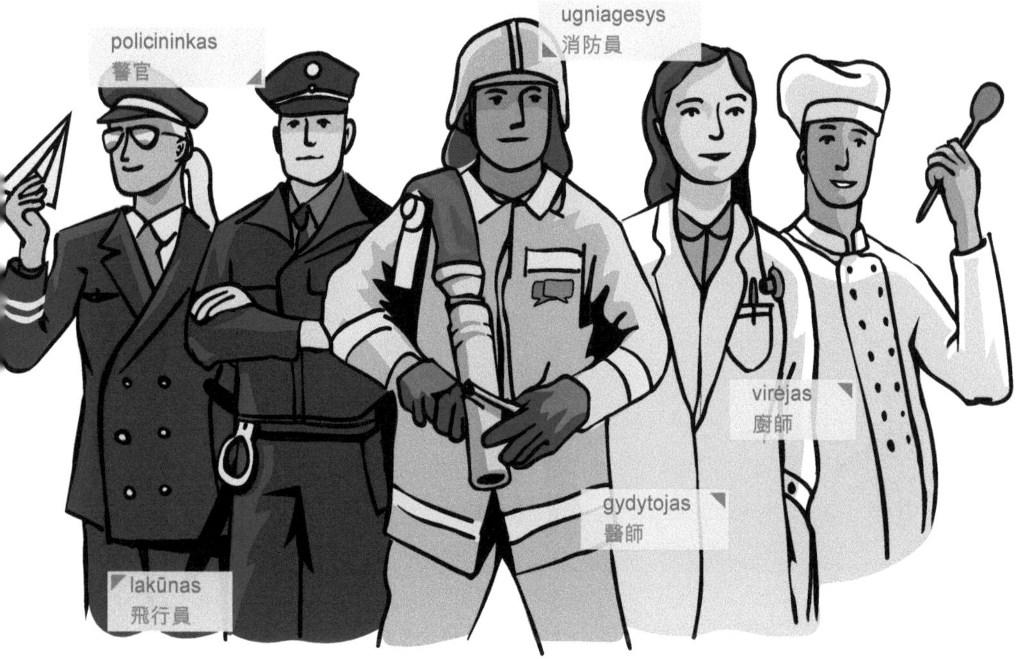

policininkas
警官
ugniagesys
消防員
virėjas
廚師
gydytojas
醫師
lakūnas
飛行員


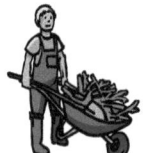

sodininkas
園丁

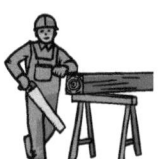

stalius
木匠

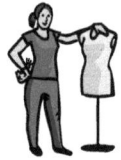

siuvėja
裁縫

teisėjas
法官

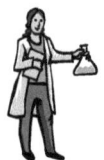

chemikas
化學家

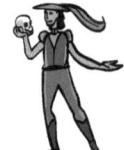

aktorius
演員

autobuso vairuotojas

公車司機

taksi vairuotojas

計程車司機

žvejys

漁夫

valytoja

清洗女工

stogdengys

屋頂工

padavėjas

服務生

medžiotojas

獵人

dailininkas

畫家

kepėjas

麵包師

elektrikas

電工

statybininkas

建築工人

inžinierius

工程師

mėsininkas

屠夫

santechnikas

水管工

paštininkas

郵差

kareivis

士兵

architektas

建築師

kasininkas

收銀員

gėlininkas

花農

kirpėjas

理髮師

konduktorius

售票員

mechanikas

機械技師

kapitonas

船長

odontologas

牙醫

mokslininkas

科學家

rabinas

拉比

imamas

伊瑪目

vienuolis

和尚

kunigas

牧師

# įrankiai
## 工具

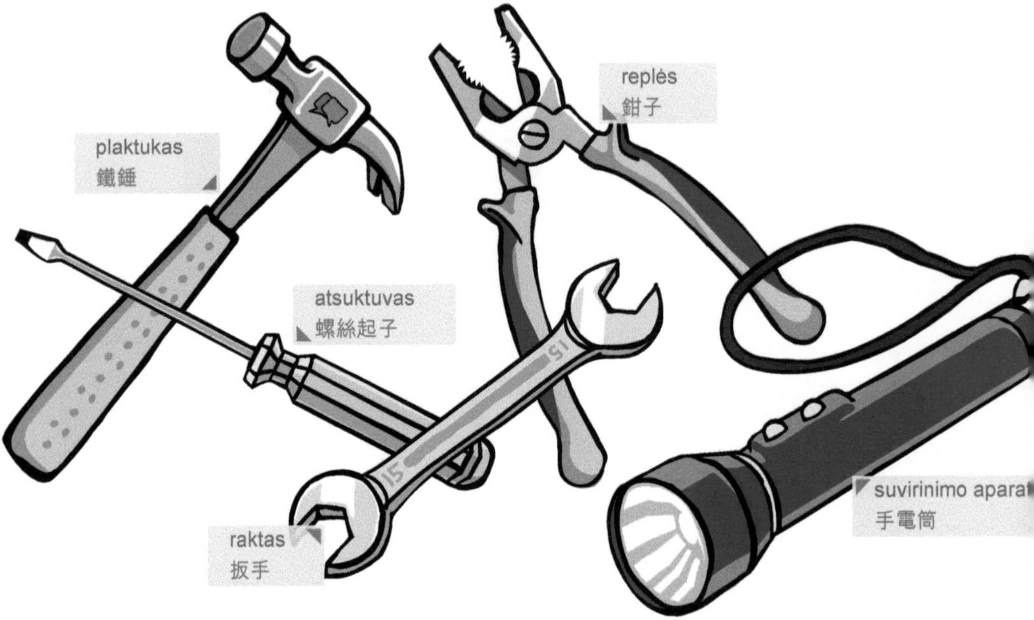

plaktukas
鐵錘
replės
鉗子
atsuktuvas
螺絲起子
raktas
扳手
suvirinimo aparat
手電筒


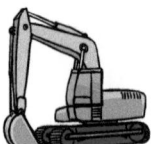

ekskavatorius

挖掘機

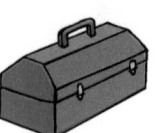

įrankių dėžė

工具箱

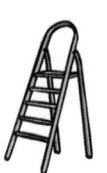

kopėčios

梯子

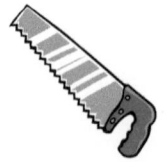

pjūklas

鋸子

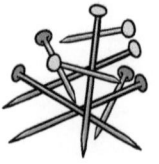

vinys

釘子

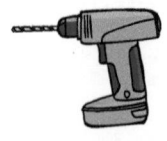

grąžtas

鑽機

taisyti

修

kastuvas

鏟子

Velniava!

糟糕！

semtuvėlis

畚箕

dažų skardinė

油漆桶

varžtai

螺絲

## muzikos instrumentai

## 樂器

būgnų rinkinys
打擊樂器

garsiakalbis
揚聲器

gitara
吉他

kontrabosas
低音提琴

trimitas
小號

pianinas

鋼琴

smuikas

小提琴

bosinė gitara

貝斯

timpanas

定音鼓

būgnai

鼓

sintezatorius

電子琴

saksofonas

薩克斯風

fleita

長笛

mikrofonas

麥克風

# zoologijos sodas

## 動物園

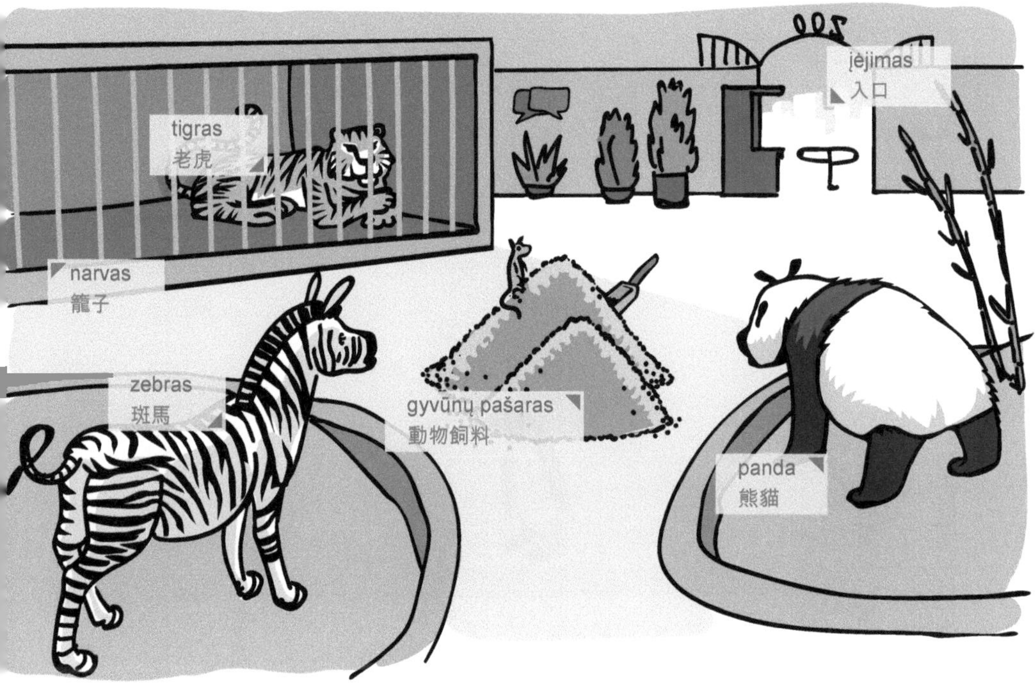

ZOO
įėjimas
入口
tigras
老虎
narvas
籠子
zebras
斑馬
gyvūnų pašaras
動物飼料
panda
熊貓


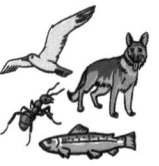

gyvūnai

動物

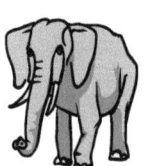

dramblys

大象

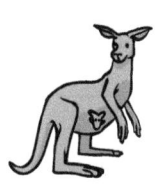

kengūra

袋鼠

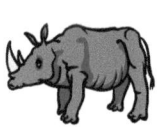

raganosis

犀牛

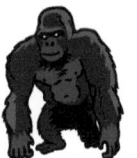

gorila

大猩猩

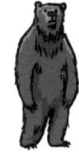

meška

熊

kupranugaris

駱駝

strutis

鴕鳥

liūtas

獅子

beždžionė

猴子

flamingas

紅鶴

papūga

鸚鵡

baltoji meška

北極熊

pingvinas

企鵝

ryklys

鯊魚

povas

孔雀

gyvatė

蛇

krokodilas

鱷魚

zoologijos sodo prižiūrėtojas

動物園管理員

ruonis

海豹

jaguaras

美洲豹

ponis

矮種馬

leopardas

豹

begemotas

河馬

žirafa

長頸鹿

erelis

老鷹

šernas

野豬

žuvis

魚

vėžlys

龜

vėplys

海象

lapė

狐狸

gazelė

羚羊

amerikietiškas futbolas
橄欖球

dviračių sportas
騎腳踏車

tenisas
網球

krepšinis
籃球

plaukimas
游泳

boksas
拳擊

ledo ritulys
冰球

futbolas
美式足球

badmintonas
羽毛球

atletika
田徑

rankinis
手球

slidinėjimas
滑雪

polas
馬球

juoktis
笑

šokinéti
跳

apkabinti
擁抱

vaikščioti
走路

dainuoti
唱

svajoti
做夢

melstis
祈禱

bučiuoti
親吻

rašyti
書寫

piešti
畫

rodyti
展示

stumti
推

duoti
給

imti
拿

turéti

有

daryti

做

būti

當

stovéti

站

bėgti

跑

traukti

拉

mesti

丟

kristi

摔倒

meluoti

躺

laukti

等待

nešti

攜帶

sédéti

坐

rengtis

穿衣

miegoti

睡覺

pabusti

醒來

žiūrėti

看

verkti

哭

glostyti

擊

šukuoti

梳頭

kalbėti

交談

suprasti

明白

paklausti

問

klausytis

聽

gerti

喝

valgyti

吃

tvarkytis

清理

mylėti

愛

gaminti

做飯

vairuoti

開車

skristi

飛

buriuoti

航行

skaičiuoti

計算

skaityti

讀

mokytis

學習

dirbti

工作

vesti

結婚

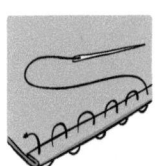

siūti

縫

valytis dantis

刷牙

žudyti

殺

rūkyti

抽菸

siųsti

寄

# šeima

# 家

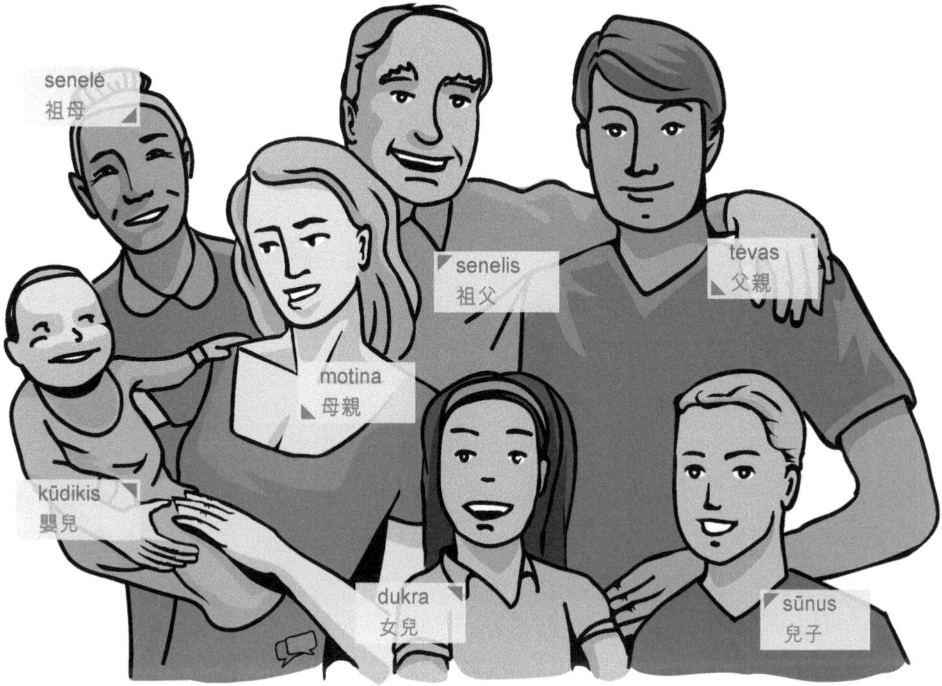

senelė
祖母
senelis
祖父
tėvas
父親
motina
母親
kūdikis
嬰兒
dukra
女兒
sūnus
兒子


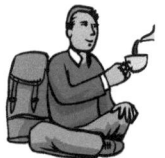

svečias

客人

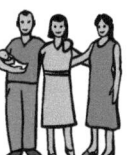

teta

阿姨

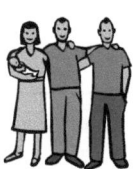

dėdė

叔叔

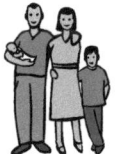

brolis

兄弟

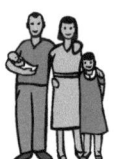

sesuo

姐妹

# kūnas

## 身體

kakta
前額
akis
眼睛
petys
肩膀
pirštas
手指
veidas
臉
smakras
下巴
plaštaka
手
koja
腿
krūtinė
乳房
ranka
手臂


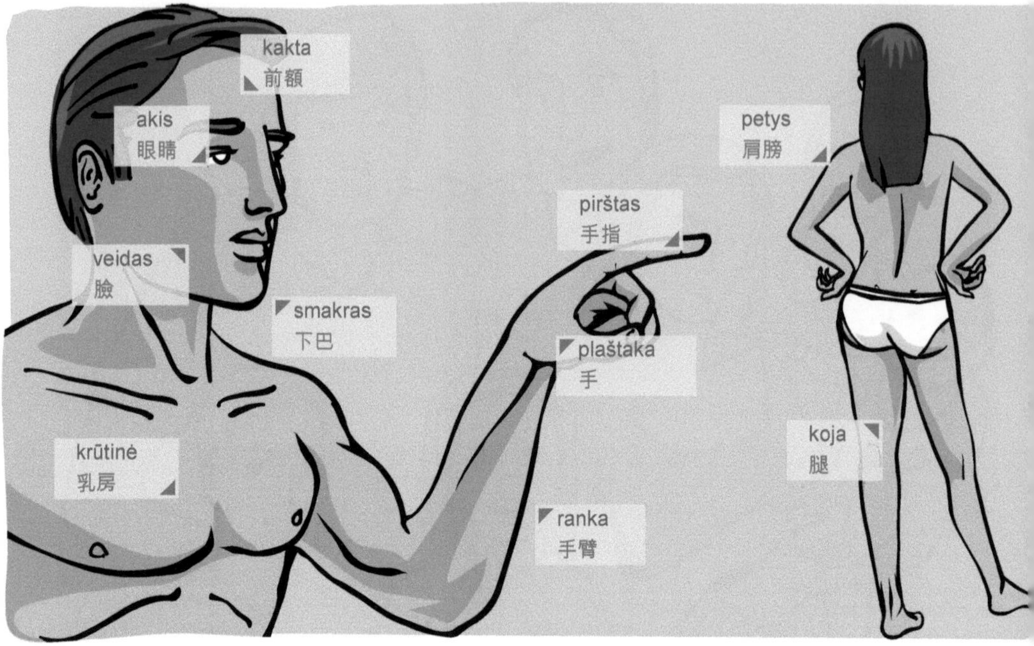

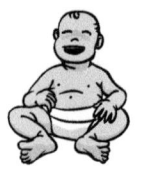

kūdikis

嬰兒

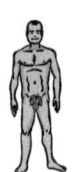

vyras

男人

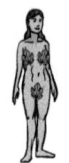

moteris

女人

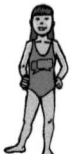

mergaitė

女孩

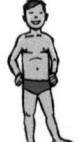

berniukas

男孩

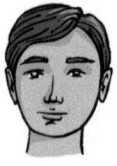

galva

頭

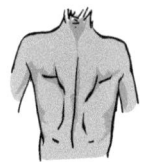

nugara

背部

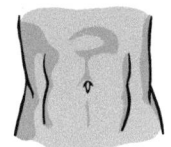

pilvas

肚子

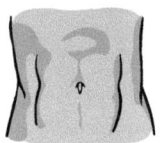

bamba

肚臍

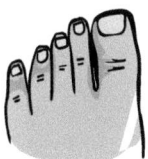

kojos pirštas

腳趾

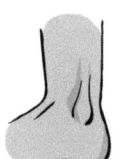

kulnas

腳後跟

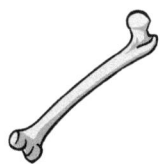

kaulas

骨頭

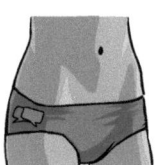

klubas

臀部

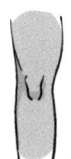

kelis

膝蓋

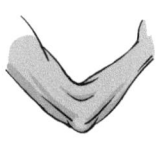

alkūnė

手肘

nosis

鼻子

sėdmenys

屁股

oda

皮膚

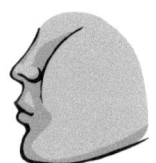

skruostas

臉頰

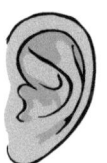

ausis

耳朵

lūpa

嘴唇

kūnas - 身體 69

burna

嘴

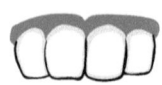

dantis

牙齒

liežuvis

舌頭

smegenys

腦

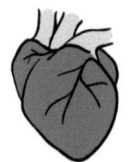

širdis

心臟

raumuo

肌肉

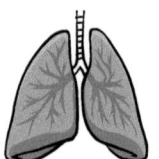

plaučiai

肺

kepenys

肝臟

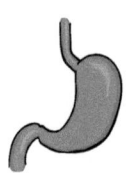

skrandis

胃

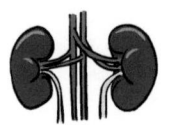

inkstai

腎臟

seksas

性交

prezervatyvas

保險套

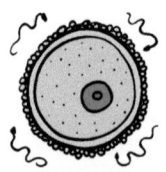

kiaušialąstė

卵子

sperma

精子

nėštumas

懷孕

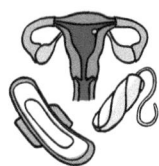

menstruacijos

月事

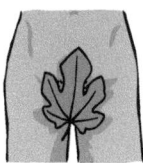

makštis

陰道

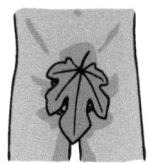

varpa

陰莖

antakis

眉毛

plaukai

頭髮

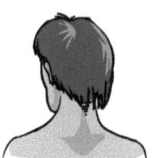

kaklas

脖子

# ligoninė

## 醫院

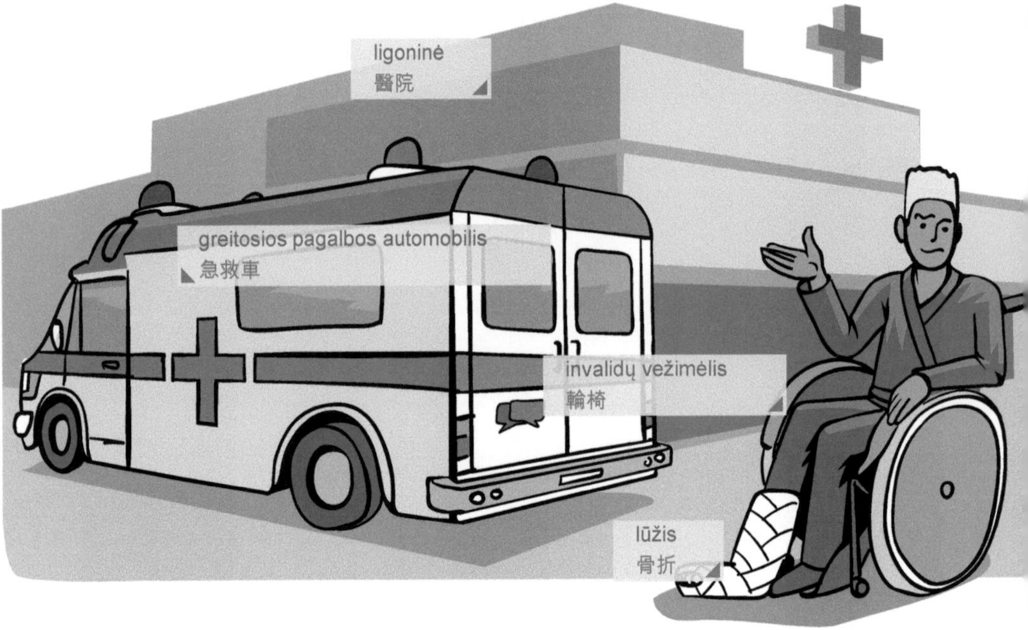

ligoninė
醫院
greitosios pagalbos automobilis
急救車
invalidų vežimėlis
輪椅
lūžis
骨折


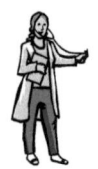

gydytojas

醫師

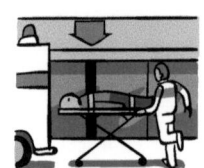

skubios pagalbos skyrius

急診室

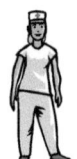

slaugytoja

護理師

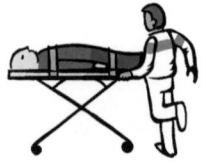

nelaimingas atsitikimas

緊急情形

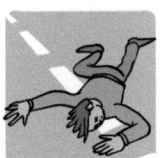

be sąmonės

昏迷

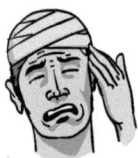

skausmas

痛

**sužalojimas**

受傷

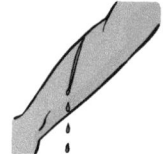

**kraujavimas**

出血

**širdies smūgis**

心臟病發作

**insultas**

中風

**alergija**

過敏

**kosulys**

咳嗽

**karščiavimas**

發燒

**gripas**

流感

**viduriavimas**

腹瀉

**galvos skausmas**

頭痛

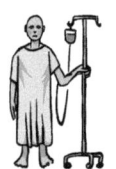

**vėžys**

癌症

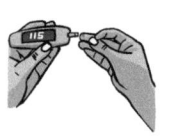

**diabetas**

糖尿病

**chirurgas**

外科醫師

**skalpelis**

手術刀

**operacija**

手術

KT
電腦斷層掃描

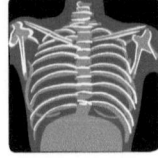

rentgenas
X光

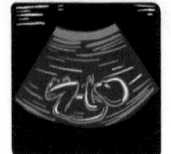

ultragarsas
超音波

veido kaukė
口罩

liga
疾病

laukiamasis
候診室

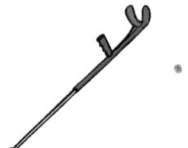

ramentas
拐杖

gipsas
石膏

tvarstis
繃帶

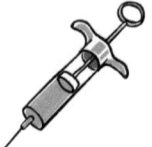

injekcija
注射

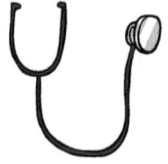

stetoskopas
聽診器

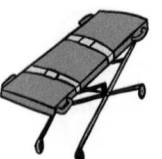

neštuvai
擔架

termometras
體溫計

gimimas
出生

antsvoris
超重

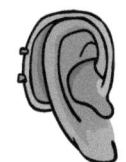

klausos aparatas

助聽器

dezinfekavimo priemonė

消毒液

infekcija

感染

virusas

病毒

ŽIV / AIDS

愛滋病

vaistas

藥物

skiepijimas

接種疫苗

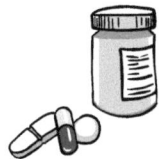

tabletės

藥片

piliulė

藥丸

skubios pagalbos numeris

急救電話

kraujospūdžio matuoklis

血壓計

ligotas / sveikas

生病/健康

Padėkite!

救命！

pavojaus signalas

警報

užpuolimas

突擊

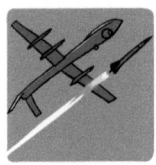

ataka

攻擊

pavojus

危險

avarinis išėjimas

緊急出口

Gaisras!

失火了！

gesintuvas

滅火器

nelaimingas atsitikimas

意外

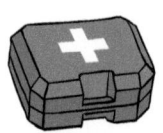

pirmosios pagalbos rinkinys

急救箱

SOS

呼救訊號

policija

員警

Europa

歐洲

Šiaurės Amerika

北美洲

Pietų Amerika

南美洲

Afrika

非洲

Azija

亞洲

Australija

澳洲

Atlanto vandenynas

大西洋

Ramusis vandenynas

太平洋

Indijos vandenynas

印度洋

Pietų vandenynas

南冰洋

Arkties vandenynas

北冰洋

Šiaurės ašigalis

北極

Pietų ašigalis

南極

Antarktida

南極洲

Žemė

地球

sausuma

陸地

jūra

海

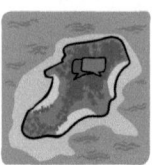

sala

島

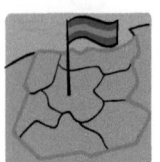

tauta

國家

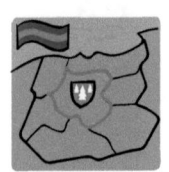

valstybė

州

ciferblatas

錶盤

valandinė rodyklė

時針

minutinė rodyklė

分針

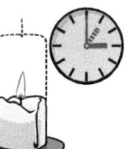

sekundinė rodyklė

秒針

Kiek valandų?

現在幾點？

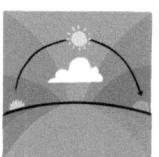

diena

天

laikas

時間

dabar

現在

skaitmeninis laikrodis

電子錶

minutė

分

valanda

時

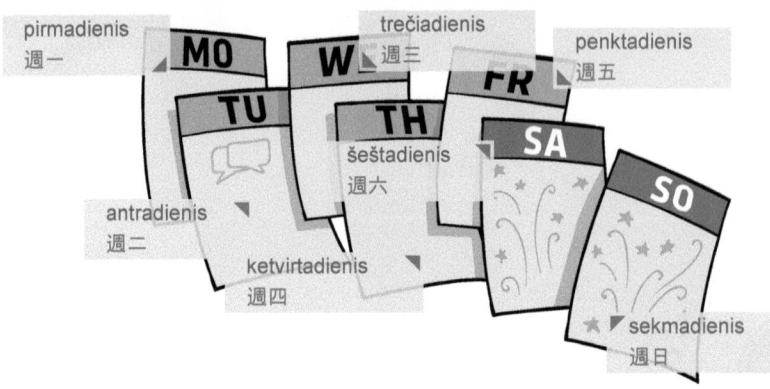

pirmadienis
週一

trečiadienis
週三

penktadienis
週五

antradienis
週二

šeštadienis
週六

ketvirtadienis
週四

sekmadienis
週日

vakar

昨天

šiandien

今天

rytoj

明天

rytas

早晨

vidurdienis

中午

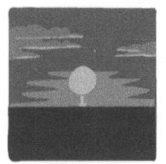

vakaras

晚上

darbo dienos

工作日

savaitgalis

週末

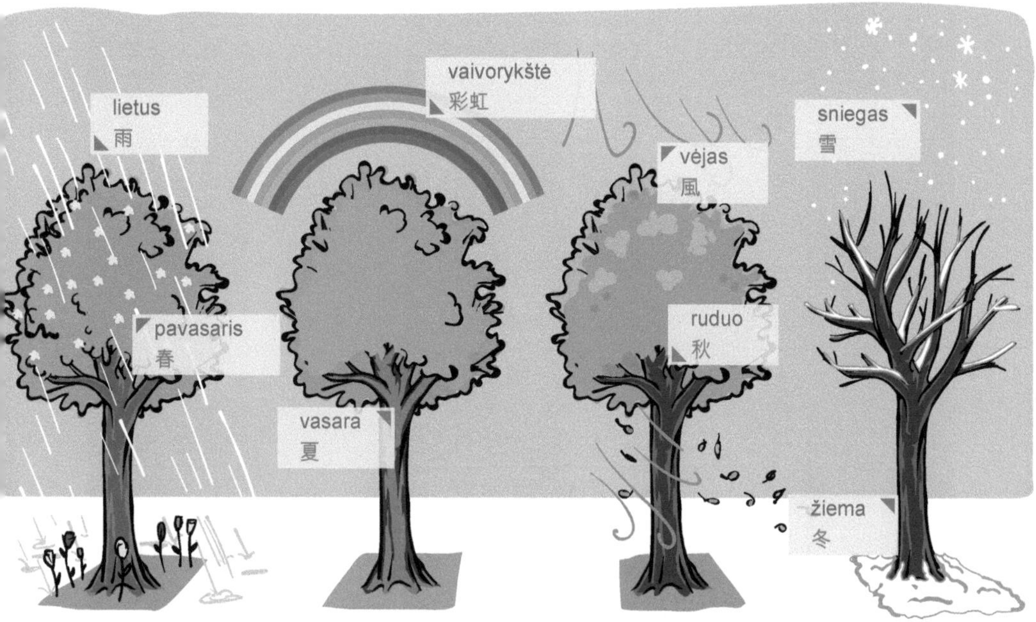

lietus
雨
vaivorykštė
彩虹
sniegas
雪
vėjas
風
pavasaris
春
ruduo
秋
vasara
夏
žiema
冬


4.APRIL 11°
5.APRIL 4°
6.APRIL 13°
7.APRIL 8°
8.APRIL 10°


orų prognozė
天氣預告

F C
120 40
90 30
60 20
30 10
0 0
-30 -10
-20


lauko termometras
溫度計

saulės šviesa
陽光

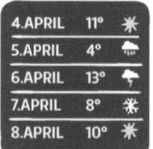

debesis
雲

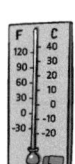

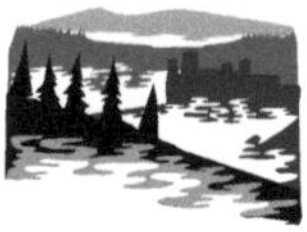

rūkas
霧

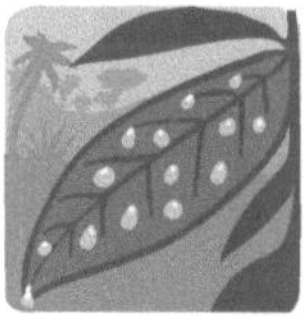

drėgmė
潮濕

žaibas
閃電

griaustinis
打雷

audra
風暴

kruša
冰雹

musonas
季風

potvynis
洪水

ledas
冰

sausis
一月

vasaris
二月

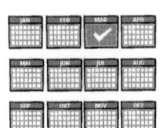

kovas
三月

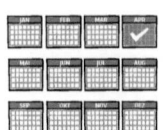

balandis
四月

gegužė
五月

birželis
六月

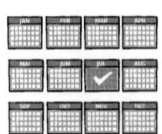

liepa
七月

rugpjūtis
八月

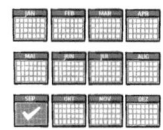

rugsėjis

九月

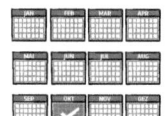

spalis

十月

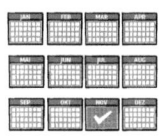

lapkritis

十一月

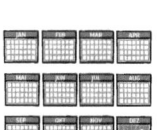

gruodis

十二月

# formos

# 形狀

apskritimas

圓形

kvadratas

正方形

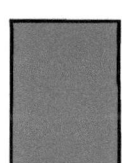

stačiakampis

長方形

trikampis

三角形

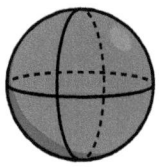

sfera

球體

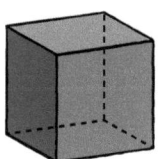

kubas

立方體

balta

白

geltona

黃

oranžinė

橙

rožinė

粉

raudona

紅

violetinė

紫

mėlyna

藍

žalia

綠

ruda

棕

pilka

灰

juoda

黑

daug / mažai

很多/少許

piktas / ramus

生氣/平靜

gražus / bjaurus

美/醜

pradžia / pabaiga

首/尾

didelis / mažas

大/小

šviesus / tamsus

明/暗

brolis / sesuo

兄弟/姐妹

švarus / purvinas

乾淨/骯髒

užbaigtas / neužbaigtas

完整/缺失

diena / naktis

白天/晚上

miręs / gyvas

死/生

platus / siauras

寬/窄

valgomas / nevalgomas

可食用/非食用

piktas / malonus

邪惡/善良

linksmas / nuobodus

興奮/無聊

storas / plonas

胖/瘦

pirmiausia / paskiausia

第一/最後

draugas / priešas

朋友/敵人

pilnas / tuščias

滿/空

kietas / minkštas

硬/軟

sunkus / lengvas

重/輕

alkis / troškulys

餓/渴

ligotas / sveikas

生病/健康

nelegalus / legalus

非法/合法

protingas / kvailas

聰明/愚笨

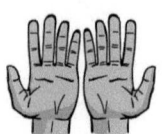

kairė / dešinė

左/右

arti / toli

近/遠

naujas / naudotas

新/舊

niekas / kažkas

沒有/有些

senas / jaunas

老/幼

įjungta / išjungta

開/關

atidaryta / uždaryta

打開/闔上

tylus / garsus

安靜/吵鬧

turtingas / vargšas

富/窮

teisus / neteisus

對/錯

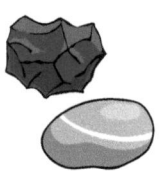

šiurkštus / švelnus

粗糙/光滑

liūdnas / laimingas

傷心/高興

trumpas / ilgas

短/長

lėtas / greitas

慢/快

drėgnas / sausas

濕/乾

šiltas / šaltas

溫暖/涼爽

karas / taika

戰爭/和平

**0**

nulis

零

**1**

vienas

一

**2**

du

二

**3**

trys

三

**4**

keturi

四

**5**

penki

五

**6**

šeši

六

**7**

septyni

七

**8**

aštuoni

八

**9**

devyni

九

**10**

dešimt

十

**11**

vienuolika

十一

**12**

dvylika

十二

**13**

trylika

十三

**14**

keturiolika

十四

**15**

penkiolika

十五

**16**

šešiolika

十六

**17**

septyniolika

十七

**18**

aštuoniolika

十八

**19**

devyniolika

十九

**20**

dvidešimt

二十

**100**

šimtas

百

**1.000**

tūkstantis

千

**1.000.000**

milijonas

百萬

anglų

英語

amerikiečių anglų

美式英語

kinų (mandarinų)

普通話

hindi

印地語

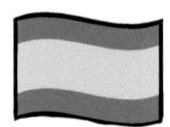

ispanų

西班牙語

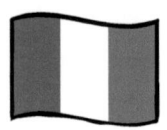

prancūzų

法語

arabų

阿拉伯語

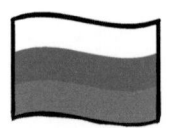

rusų

俄語

portugalų

葡萄牙語

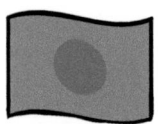

bengalų

孟加拉語

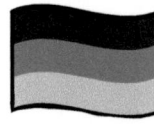

vokiečių

德語

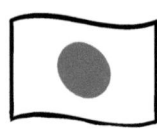

japonų

日語

aš

我

tu

你

jis / ji

他/她/它

mes

我們

jūs

你們

jie

他們

kas?

誰？

ką?

什麼？

kaip?

如何？

kur?

何處？

kada?

何時？

vardas

名字

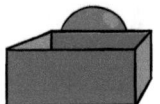

už
後面

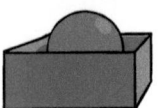

kur (vieta)
裡面

priešais
前面

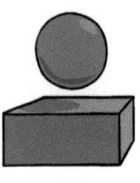

virš
上方

ant
上面

po
下麵

prie
旁邊

tarp
中間

vieta
地點